Die Macht positiven Denkens

Warnung
Hören Sie sich die beigelegte Motivations-Cassette
nicht während einer Autofahrt an.
Beachten Sie unsere Hinweise auf
Seite 36 dieses Textbuches!

Textbuch und Toncassetten bilden eine Einheit.
Wir empfehlen Ihnen, das Begleitbuch
mit den Arbeitshinweisen vor dem ersten
Anhören der Toncassette zu lesen.

Prof. Dr. Heinz Ryborz wurde 1935 in Berlin geboren. Sein Studium der Naturwissenschaften, der Psychologie und Philosophie schloß er 1965 mit dem Doktorat ab. Danach war er in leitenden Positionen der Wirtschaft tätig. Seit 1973 ist er Professor.

Zahlreiche Forschungsreisen führten ihn in den Fernen Osten und nach Südamerika. Er hielt sich in buddhistischen Klöstern und bei indianischen Medizinmännern auf. Außerdem nahm er an einer Expedition in unerforschte Amazonasgebiete teil.

Er ist Autor von neun Büchern, die in mehrere Sprachen übersetzt wurden. In seinen Büchern verknüpft er geheimes, uraltes Wissen der Menschheit mit neuesten Erkenntnissen der Forschung. Die von ihm entwickelten Methoden und Techniken sind besonders praxisnah und haben schon vielen Menschen geholfen. Hunderttausende haben seine Bücher gelesen und seine Vorträge gehört.

Mit seiner Psychologie der praktischen Lebenshilfe hat er sich bereits in mehreren Ländern Geltung verschafft. Der Autor lebt in Gummersbach.

Die Macht positiven Denkens

Beruhend auf dem Gedankengut
von
Professor Heinz Ryborz

Oesch Verlag

Redaktion: Felix Aeschbacher
Sprecher: Bruno Kocher
Musik: Bruno Kocher/Ursula Rieser

Alle Rechte vorbehalten
Nachdruck in jeder Form sowie die Wiedergabe
durch Fernsehen, Rundfunk, Film, Bild- und Tonträger
oder Benutzung für Vorträge, auch auszugsweise,
nur mit Genehmigung des Verlags

© 1988 by Oesch Verlag AG, Zürich

Umschlag: Heinz von Arx, Zürich
Satz: Utesch Satztechnik GmbH, Hamburg
Druck und Bindung: Ueberreuter, Korneuburg
Printed in Austria

ISBN 3 85833 702 1

Inhaltsverzeichnis

Ein (wichtiges) Wort zuvor! 7
Einführung in die Technik der Tiefenentspannung 9
Zum Cassettenprogramm 10
Die Macht der Gedanken 12
Warum Tiefenentspannung? 20
Was bedeutet »Suggestion«? 21
So funktioniert Autosuggestion 22
Brauchen wir Suggestionen? 24
Die Wirkungskraft der Suggestionen 24
Die Subliminal-Technik 26
Aufbau der Subliminal-Cassette 28
Subliminal und unsere Mitmenschen 29
Musik und Meditation 30
Freuen Sie sich auf den Erfolg! 32
Heilerfolge mit Subliminals 33
Beharrlichkeit führt zum Erfolg 34
Vorsichtsmaßnahmen 36
Hilfreiche Vorbereitungen 36
Häufigkeit der Anwendung 38
Die Denkgewohnheiten 39
Wie schaffe ich Ordnung? 40
Die Veränderung 41
Die Anwendung 41
Die Toleranz 44
Die positiven Kräfte 45
Wie wir denken 45
Arbeitsblatt I 47
Arbeitsblatt II 49

Arbeitsblatt III. 50
Arbeitsblatt IV. 51
Arbeitsblatt V 53
Die Suggestionen. 53
Ein Anhang, der Sie weiterführen wird 59

Ein (wichtiges) Wort zuvor!

Dieses Textbuch zeigt Ihnen auf, wie Sie die Motivations-Cassette optimal nutzen können. Es erläutert Ihnen im ersten Teil Techniken der Suggestion und der Autosuggestion, die wenig Geheimnisvolles an sich haben, vor denen jedoch viele Menschen zurückschrecken. Für ihren »Lernerfolg« aber ist es wichtig, daß Sie sich damit beschäftigen.

Diesen »theoretischen«, aber spannenden Teil finden Sie in jedem Textbuch der Motivations-Cassetten nach Professor Ryborz vor. Danach folgt der übungsspezifische Grundtext (ab Seite 39), der mit zahlreichen schriftlichen Übungen verbunden ist, die Ihnen helfen wollen, Klarheit über Ihren Ist-Zustand und Ihre Ziele zu gewinnen.

Am Schluß jedes Textbuches finden Sie dann die auf Band gesprochenen Suggestionen, wiederum unterteilt in einen auf allen Cassetten wiederkehrenden allgemeinen Entspannungsteil und den nur auf der beigelegten Cassette zu hörenden Teil, der direkt auf Ihr Problem, Ihren Veränderungswunsch eingeht. Es lohnt sich, beim Abhören der *A-Seite* hin und wieder die Texte mitzulesen. Beim Abspielen der *B-Seite* hingegen sollten Sie sich ganz der Musik und den Naturgeräuschen hingeben.

Im Anhang des Textbuches finden Sie dann weiterführende Literatur und Informationen über Professor Ryborz und seine Arbeit.

Viel Vergnügen beim Lesen und Hören, viele Erfolgserlebnisse wünscht Ihnen Ihr

Oesch Verlag, Zürich

Einführung in die Technik der Tiefenentspannung

Dieses Textbuch bietet Ihnen wichtige theoretische Grundlagen zu der beiliegenden Bewußtseins-Erweiterungs-Cassette. Wenn Sie diese Gedanken für sich erarbeiten, werden Sie den bestmöglichen Nutzen aus dem Cassettenprogramm ziehen.

Die Cassette ist eingeteilt in eine »bewußte« und eine »unbewußte« Technik. Auf der A-Seite hören Sie eine Tiefenmeditation, die ungefähr ab Cassettenmitte in Suggestionen übergeht – nach den Grundgedanken von Professor Heinz Ryborz. Diese Suggestionen werden von einer speziell entwickelten Entspannungsmusik begleitet, die das Einsinken in den Alpha-Zustand erleichtert, der für die optimale Aufnahmefähigkeit des Unterbewußten erforderlich ist.

Auf der B-Seite haben wir die inzwischen recht bekannte Subliminal-Technik angewendet. In die herrlichen Musikklänge und Naturgeräusche sind Suggestionen praktisch unhörbar verwoben. Weil das Bewußte sie nicht erkennt, gehen sie direkt ins Unterbewußte über, ohne durch Unsicherheit und Zweifel gefiltert zu werden. Zudem können Sie diese Seite immer und überall hören, bei der Hausarbeit, vor dem Schlafengehen usw. Ihr Unterbewußtes wird jederzeit in den vollen Genuß dieser Suggestionen kommen.

Wir gehen von der Voraussetzung aus, daß Sie mit einem Bereich in Ihrem Leben nicht mehr zufrieden sind und diesen nun auf geistigem Wege verändern möchten. Mit dem Studium dieser Broschüre werden Sie neue Erkenntnisse gewinnen, die Sie mit Hilfe der Cassette ohne Mühe in die Tat umsetzen können.

Am Ende dieses Taschenbuches finden Sie ein Literaturverzeichnis, das Ihnen helfen kann, Ihre Kenntnisse zu erweitern und zu vertiefen.

Zum Cassettenprogramm

In unserem Jahrhundert ist erstmals die menschliche Seele systematisch erforscht worden. Das führte zur Geburt einer neuen Wissenschaft, nämlich der Psychologie. Bis heute wurden unzählige Therapieformen entwickelt und erprobt, und man kann ruhig sagen, daß es für jeden Menschen die geeignete Therapieform gibt. Inzwischen gilt es als völlig normal, sich einer Therapie zu unterziehen, wenn man von Lebensproblemen belastet wird. Während noch vor wenigen Jahren beim Beanspruchen einer Psychotherapie Geisteskrankheit assoziiert wurde, erkennt man heute den Vorteil frühzeitiger kompetenter Hilfe. Alle Menschen werden in ihrem Leben auf irgend eine Weise geprüft, und diese Prüfungen können manchmal recht hart sein und viele Jahre dauern. Dadurch entsteht ein Leidensdruck, der immer stärker wird und nach einer Lösung drängt. Viele Menschen sind aber zu bequem, um ihr Problem direkt anzugehen. Sie schieben ihr Leiden auf die Seite, indem sie es verdrängen. Verdrängen heißt aber nicht lösen, sondern ausweichen. Man kann oft lange einem Problem ausweichen, ohne daß das Tagesbewußtsein dadurch beeinträchtigt wird. Aber das Unterbewußte läßt sich nicht zum Narren halten. Dort arbeitet das Problem immer weiter. Je länger der Druck anhält, umso tiefer werden die Furchen des Problemkreises in unser Wesen eingegraben.

Viele Menschen haben Probleme, von denen sie nicht wissen, wie sie zu lösen sind. Andererseits haben sie auch Widerstände, zu einem Therapeuten zu gehen. Für diese Menschen haben wir unser Cassettenprogramm geschaffen. Wir wollen ihnen damit eine weitere Chance anbieten, mit ihrem Leben zurechtzukommen. Wir verstehen uns aber nicht als Therapie-Ersatz für alle Fälle, sondern nur als Ergänzung zu den bereits bestehenden Möglichkeiten. Wie schon gesagt, sind die Menschen verschieden, und nicht jeder spricht auf die selben Methoden gleich gut an.

Unser Programm basiert auf jahrzehntelangen Erfahrungen und Forschungen. Wir haben sowohl viele traditionelle als auch neueste Erkenntnisse über Meditationstechniken angewendet.

Die Texte sind leicht verständlich verfaßt, so daß alle – unabhängig von Glaubenszugehörigkeit und Weltanschauung – etwas damit anfangen können. Auch Geschlecht, Schulbildung, Lebensalter und Gesundheitszustand *(Ausnahmen siehe unter »Vorsichtsmaßnahmen«)* spielen hier keine Rolle.

Die ausgewählten Themen eignen sich ideal zur Selbsttherapie. Entscheiden Sie sich den äußeren Umständen entsprechend für Seite A mit der »bewußten« oder für Seite B mit der »unbewußten« Technik. Die Wirkung bleibt auf beiden Seiten die gleiche.

Falls Sie sich für genauere Forschungsdaten interessieren, finden Sie einige markante Beispiele unter dem Titel »Forschungsergebnisse«.

Mit diesem Cassettenprogramm haben Sie eine wirkungsvolle Hilfe in der Hand, um Ihr Bewußtsein zu erweitern und sich gegebenenfalls von Problemen zu befreien, die Ihre Lebensqualität beeinträchtigen. Wir möchten Ihnen dabei helfen und wünschen Ihnen viel Erfolg.

Die Macht der Gedanken

Die folgenden, grundsätzlichen Gedanken sollen Ihnen den ideellen Hintergrund dieser Cassettenreihe verständlich machen.

Um an die Basis der Erkenntnisse zu gelangen, müssen wir erkennen, daß unser *ganzes Universum aus Energie besteht.*

Die gesamte Materie – dazu gehört auch der menschliche Körper mit all seinen Emotionen und Gedanken – besteht aus verdichteter Energie, die sich in unterschiedlichen Seinszuständen manifestiert.

Diese Idee finden wir in vielen alten Weltanschauungen, und in neuester Zeit ist sie durch die Erkenntnisse der Atomphysik wieder in unser Bewußtsein gerufen worden. Es gibt aufschlußreiche Literatur, die östliche Weisheit und westliche Atom- bzw. Quantenphysik zum Thema hat. Alle diese Werke weisen auf die wunderbaren Zusammenhänge dieser beiden Gebiete hin.

Wir bauen auf dem einen Grundgedanken auf, daß die Welt nicht aus Materie, Seele und Geist besteht, sondern aus Schwingungen, d.h. *Energien: Alle Erscheinungsformen sind Kristallisationen von Energien.*

Da alle unsere Gedanken Energien sind, haben sie auch die Kraft, Wirkungen hervorzurufen.

Wenn wir in unserem Leben eine Veränderung herbeiführen wollen, müssen wir die unerwünschte Energieform wie ein altes Gebäude abbrechen und durch einen erwünschten Neubau ersetzen.

Sie übernehmen in diesem Projekt die Rolle des Architekten und erarbeiten die Realisation in folgenden vier Schritten:

1. *Die Idee* steht ganz am Anfang. Sie haben sich vorgenommen, in Ihrem Leben ein veraltetes oder unerwünschtes Verhaltensmuster durch ein neues, erwünschtes zu ersetzen.

2. *Die Planung* Sie schaffen die Voraussetzungen: Sie benötigen einen Cassettenrecorder und eine Bewußtseinserweiterungs-Cassette, richten sich einen geeigneten Übungsplatz ein und legen fest, wann und wie oft Sie üben wollen.

3. *Die Ausführung* Sie üben genau nach Plan und lassen sich durch nichts ablenken, auch nicht von Widerständen, die am Anfang immer wieder auftreten können.

4. *Die Verwirklichung* Sie haben das Ziel erreicht. Ein neues Gebäude ist entstanden. Die Idee hat sich kristallisiert.

Nach diesen Schritten vollziehen sich alle unsere Gedanken und Handlungen, ob wir uns dessen bewußt sind oder nicht. Und aus dieser Konsequenz ergibt sich ein großes universales Gesetz: *Am Anfang steht immer die Idee, die zur Verwirklichung drängt.*

Unsere materielle Umgebung ist also das Resultat unserer Gedanken in der Vergangenheit. Mit unseren Gedanken sind wir der Schöpfer unseres eigenen Lebens. *Wir sind, was wir denken.*

Wenn wir eine Situation unseres Lebens verändern möchten, müssen wir zuerst unser Denken über diese Situation überprüfen und verändern. Vor der Veränderung steht aber immer der Gedanke, denn zuerst müssen wir ja erkennen, wo das Problem liegt.

Stellen Sie sich die Fragen:

– Warum und womit bin ich eigentlich unzufrieden?

– Was kann ich unternehmen, oder welchen Weg müßte ich gehen, um zur vollen Zufriedenheit zu gelangen?

Sie werden bald feststellen müssen, daß man aus eigener Kraft gar nicht alles verändern kann. Sie sind eingebettet in ein gesellschaftliches, religiöses, berufliches und familiäres Gefüge, das Ihr Leben so stark bestimmt, daß Sie mit dem Willen allein noch nichts umzukrempeln vermögen.

Nehmen wir ein Beispiel: Angenommen, Sie haben ein gespanntes Verhältnis zu Ihrem Lebenspartner und erwägen eine Trennung. Sie sind fest davon überzeugt, daß mit diesem Menschen nicht auszukommen ist.

Betrachten Sie aber diesen Fall nach den geistigen Gesetzen, dann werden Sie feststellen, daß Ihr Partner Ihnen genauso entgegentritt, wie Sie über ihn denken.

Das geistige Grundgesetz lautet demnach: *Jeder Gedanke zieht das entsprechende Resultat an.*

Auf unser Beispiel angewendet folgt daraus, daß Sie selbst anfangen sollten, positiv über Ihren Partner zu denken. Wann immer Sie sich bei einem negativen Gedanken ertappen, sagen Sie zu sich energisch: STOP! und verbieten sich, den negativen Gedanken weiterzudenken. Stattdessen versuchen Sie bewußt, etwas Positives über Ihren Partner zu denken, auch wenn es nur um eine Kleinigkeit geht. Jeder Mensch hat liebenswürdige Seiten. Ersetzen Sie also negative durch positive Gedanken. Am Anfang wird es Ihnen nicht leicht fallen, aber mit der Zeit werden Sie spüren, wie die Widerstände nachlassen.

Wenn Sie an Ihrer Aversion – um beim Beispiel zu bleiben – intensiver arbeiten wollen, machen Sie folgende Übung: Stellen Sie sich Ihr Ziel bildlich vor. Schaffen Sie sich gedanklich eine Wunschsituation. Stellen Sie sich vor, wie Ihnen Ihr Partner strahlend, freundlich und verliebt entgegentritt. Sehen Sie sich selbst auch als strahlenden, freundlichen, wohlwollenden und verliebten Menschen auf Ihren Partner zugehen.

Um eine unerwünschte Situation zu neutralisieren, benötigen Sie nicht mehr Energie auf der positiven Seite, als Sie früher gedankenlos in negative Gefühle und Gedanken investiert haben. Dann haben Sie aber erst den Nullpunkt erreicht, oder, um beim Vergleich mit dem Gebäude zu bleiben, Sie haben das alte Haus erst abgebrochen. Jetzt müssen Sie mit dem Bau des neuen beginnen. Vielleicht erschreckt es Sie, weil Sie falsche Verhaltensmuster schon jahrzehntelang herumschleppen. Seien Sie beruhigt: Bewußte Gedankenenergien haben natürlich eine viel größere Energie als die unkontrollierten Gedanken.

Lassen Sie sich auf keinen Fall entmutigen, wenn Sie in den ersten Wochen noch keine Veränderung bemerken. Halten Sie durch, und bald werden Sie sehen, wie sich Ihre Wunschsituation zu verwirklichen beginnt.

Wenn Sie gefühlsmäßige Ablehnung umpolen wollen, nehmen Sie sich Zeit. Arbeiten Sie täglich daran, und konzentrieren Sie sich innerlich sehr intensiv auf diesen Prozeß.

Vergessen Sie grundsätzlich vergangene Situationen und Streitereien. Es gibt keine Vergangenheit, sondern nur noch Gegenwart und Zukunft für Sie.

Sie möchten sich eine bessere Zukunft aufbauen. Das bedeutet, daß Sie in der Gegenwart, also gerade in diesem Augenblick, anfangen müssen, anders zu denken. Wer wirklich damit beginnen will, braucht in erster Linie Entschlossenheit, die Vergangenheit sogleich loszulassen. Jetzt, in diesem Moment, da Sie diese Zeilen lesen, können Sie beginnen, sich eine positive Zukunft zu schaffen, ohne zuerst Bedingungen an Ihre Umwelt, Mitmenschen und Partner zu stellen. Sagen Sie sich: *Ich will und werde sogleich positiv denken und mir damit eine befriedigende Zukunft schaffen.*

Ich sehe meine Zukunft in strahlendem Licht. Ich weiß, sie beginnt jetzt. Alles Vergangene lasse ich los. Es hat keinen Einfluß mehr auf mich.

Versuchen Sie, Ihre momentane, unbefriedigende Lebenssituation – die ja durch Ihr Verhalten in der Vergangenheit geschaffen wurde – nicht zu beachten. Tun Sie so, als sei der für die Zukunft gewünschte Zustand bereits Wirklichkeit (darauf gehen wir im Kapitel »Die Wirkungskraft der Suggestionen« näher ein).

Wenn Sie heute umzudenken beginnen, haben Sie die Möglichkeit, den Ist-Zustand von morgen zu verändern.

Das erfordert natürlich eine beträchtliche Portion Gedankendisziplin. Doch lassen Sie sich nicht entmutigen, alles ist Gewohnheitssache. Aber Gewohnheiten sitzen tief. Auch Gedankengänge können Gewohnheiten sein, d. h. die Gedankengänge sind bereits als Verhaltensmuster im Unterbewußten gespeichert. Und deshalb wird es immer wieder geschehen, daß Sie in ihre alten Denkmuster zurückfallen. Lassen Sie sich davon aber nicht verunsichern, haben Sie Geduld mit sich. Sprechen Sie sich selbst Mut zu, und bleiben Sie hartnäckig in Ihren Bemühungen.

Wenn Sie ungeduldig mit sich selbst werden, verschließen Sie sich dem Lernprozeß. Denken Sie an all die großen Errungenschaften, die nur selten auf Anhieb gelangen. Oft steckt jahrzehntelange Arbeit mit ständigen Rückschlägen dahinter. Nur unerschöpfliche Ausdauer und felsenfester Glaube an die Sache führte schließlich zum Erfolg. Genauso sollten wir unsere Fehler und Rückschläge akzeptieren, denn ein Lernprozeß ohne Fehler ist nicht möglich. Ohne Erfahrungen aus Fehlern gibt es keinen Fortschritt.

Durch ständige Selbstbeobachtung lernen Sie sich besser kennen und gewinnen allmählich ein Sensorium dafür, wenn alte Denkgewohnheiten wieder durchzubrechen drohen. Mit diesem Sensorium können Sie negative Gedanken schon im Anfangsstadium auffangen, und mit der Zeit werden Sie alte Denkgewohnheiten gar nicht mehr aufkommen lassen.

Sie werden 3–4 Wochen ernsthaften Arbeitens benötigen, um nur eine einzige negative Denkgewohnheit umzupolen. Gleichzeitig werden Sie feststellen, daß sich Ihre äußere Situation langsam ändert, sobald Sie Ihr positives Denken im Griff haben.

Somit wären Sie am Anfang Ihres großen Zieles. Von jetzt an geht es nur noch darum, das neue positive Denken zu verankern, bis es zur absoluten Gewohnheit wird. Dann erst werden Sie das Problem restlos beseitigt haben, weil nun auch Ihr Unterbewußtes das neue Programm aufgenommen hat.

Sie sehen also, daß das Umprogrammieren unserer negativen Denkgewohnheiten eine unerhörte geistige Arbeit bedeutet, zu der aber jeder Mensch, ohne Ausnahme, fähig ist. Das Prinzip ist einfach, wie alles Wesentliche im Leben. Für die Ausführung allerdings muß man viel Geduld und Verständnis für sich selbst aufbringen.

Scheuen Sie sich nicht davor, sich Ihren Fehlern offen zu stellen. Nur wenn Sie bereit sind, sich mit Ihren Fehlern zu konfrontieren, werden Sie sie auch in den Griff bekommen und daran arbeiten können. Neben den erwünschten Resultaten werden Sie sich auch selbst wesentlich besser kennenlernen. Wer sich selbst gut kennt, kann künftige Fehler umgehen.

Wenn Sie zum Beispiel ganz genau wissen, wo Ihre Schwächen liegen, werden Sie vorsichtiger handeln, wenn Sie in eine entsprechende Situation geraten. Angenommen, Sie kennen Ihre Leistungsgrenzen, dann werden Sie sicher einen zusätzlichen Auftrag ablehnen, um spätere Streßsituationen zu verhindern. Oder Sie wissen genau, worüber Sie sich ärgern. In der nächsten ähnlichen Situation werden Sie nicht erst zuwarten, bis in Ihnen der Ärger hochsteigt, sondern sich bereits vorher gefühlsmäßig von der Situation distanzieren. Sie werden Ihr Leben kraftvoll gestalten können, wenn Sie Ihre Möglichkeiten einzuschätzen wissen. Viele Menschen haben ein unrealistisches Bild von sich selbst und spielen oft eine Rolle, um sich ihrem Umfeld anzupassen. Dabei ist der wertvollste Beitrag, den ein jeder Mensch zu bieten hat, seine Ehrlichkeit und Offenheit.

Vielleicht werden Sie denken, daß für diese Selbsterkenntnis eigentlich gar keine Cassette nötig ist. Vielleicht sagen Sie sich sogar: Das kann ich auch allein durchführen. Wie schon erwähnt, ist diese Cassette lediglich als Unterstützung gedacht. Die wichtigste Arbeit müssen Sie tatsächlich selbst leisten, d. h. Ihr Unterbewußtsein muß umprogrammiert und daran gehindert werden, wieder in alte Denkmuster zurückzufallen.

Bei der Problemlösung von der gedanklichen Ebene her müssen das Unter- und das Tagesbewußtsein beteiligt sein. Wenn wir nur letzteres benutzen, bleiben wir im bloßen Analysieren des Problems stecken. Besser ist es, wenn wir *sobald wie möglich nach der Lösung suchen und sie anstreben.*

Um den Ist-Zustand »Problem« vergessen zu können, müssen wir ganz intensiv mit dem Unterbewußten arbeiten, indem wir es umpolen und uns das Ziel einprägen.

Da Gedanken Energien sind, geht es darum, die Energie des »alten« Gedankens mit der Energie des »neuen« Gedankens zu übertreffen. Je mehr Gedankenenergie Sie aufbringen können, desto schneller realisiert sich der neue Zustand.

Mit der Subliminaltechnik erreichen Sie optimale Zeitersparnis für Ihre Problemlösung. Aber glauben Sie nicht, Sie können die Cassette dreimal täglich anhören und trotzdem weiterhin negativ im alten Denkmuster verharren. Dadurch heben Sie die Wirkung der Cassette gleich wieder auf. Sie kommen um aktive Bemühungen, auch wenn Sie die Cassette täglich hören, nicht herum. Die Cassette empfiehlt sich als Unterstützung und soll kein Ersatz für eigenes Bemühen sein.

Sobald Sie die ersten Erfolge feststellen können, müssen Sie erst recht mit dieser Methode weiterfahren. Bevor sich aber das erste Erfolgserlebnis einstellt, brauchen Sie, das kann nicht genug betont werden, Geduld und Nachsicht mit sich selbst. Sie bilden ein wichtiges Werkzeug aus, das Ihnen in Ihrer zukünftigen Lebensgestaltung große Dienste leisten kann. Es ist das Werkzeug des *bewußten und positiven Denkens*.

Warum Tiefenentspannung?

Für unser körperliches und seelisches Wohlbefinden ist es unbedingt nötig, daß wir alles Belastende einmal loslassen und uns ganz tief in die Entspannung hineinbegeben. Zeitlich gesehen haben wir heute durch die Fünftagewoche, den Achtstundentag und die vier bis fünf Wochen Ferien im Jahr absolut die Möglichkeit dazu. Andererseits ist durch die moderne Technologie unser Arbeitsrhythmus derart »stressig« geworden, daß wir kaum noch abschalten können. Diesen Rhythmus pflegen wir auch in unsere Freizeit zu übernehmen. So erreichen wir nie einen Ausgleich, der für unser Nervensystem so wichtig wäre. Darum ist es so bedeutsam, diesen Zustand bewußt herbeizuführen.

Die Tiefenentspannung ist ein Zustand großer vegetativer Ruhe bei gleichzeitig enorm gesteigerter innerer Aufmerksamkeit. Der Mensch erreicht äußerlich einen schlafähnlichen Zustand, ist aber innerlich hellwach und kann genau wahrnehmen, was um ihn herum vorgeht.

Ihrem Gefühl nach könnten Sie völlig uneingeschränkt mit anderen kommunizieren und zu Ihnen

Gesagtes klar beurteilen. Es deutet fast nichts darauf hin, daß dieser Zustand nun wirklich auf das Unbewußte einwirkt.

In Wirklichkeit aber arbeitet ihr Verstand nur mit »halber Kraft«, und Sie sind in verstärktem Maße *beeinflußbar*, ohne daß Sie es direkt bemerken. Tiefenentspannung ist ein Zustand, der einem gar nicht viel anders als das Tagesbewußtsein erscheint. Trotzdem ist gerade dieser Zustand sehr wirksam, weil wir in ihm äußerst suggestibel sind.

Durch das EEG (Elektroenzephalogramm) konnte nachgewiesen werden, daß sich das Gehirnwellenmuster verändert, wenn sich ein Mensch vom Wachzustand in die Tiefenentspannung begibt. Während der Tiefenentspannung entstehen sogenannte *Alpha-Rhythmen*, unter deren Einfluß sich sämtliche Körperfunktionen erholen und wir uns seelisch und körperlich sehr wohlfühlen. Sämtliche Körperfunktionen erholen sich. In den USA haben Untersuchungen ergeben, daß die Tiefenentspannung sogar heilsamer wirkt als der Tiefschlaf.

Der Alpha-Zustand ist also ideal, um Suggestionen aufzunehmen, die sowohl Körperfunktionen als auch Gefühlsreaktionen beeinflussen. Über den Alpha-Zustand haben wir einen direkten Zugang zu unserem Unterbewußten.

Was bedeutet »Suggestion«?

Suggestion heißt: Durch gezielte geistige und seelische Beeinflussung können bei Menschen Gedanken, Gefühle und Verhaltensweisen hervorgerufen werden.

In der Tiefenentspannung ist der Mensch suggestiv sehr beeinflußbar. Wie im vorhergehenden Kapitel beschrieben wurde, erholen sich im Alpha-Zustand sämtliche Organfunktionen. Mittels gezielter Suggestionen kann nun dieser Erholungszustand verstärkt werden, denn das Unterbewußtsein nimmt diese Gedanken auf und reagiert verstärkt.

Wenn Sie nun täglich dieselben Worte hören, d. h. dieselben positiven Gedanken in Ihr Unterbewußtsein eingeben, so werden sie dort immer tiefer eingespeichert und verankert. So wird sich allmählich eine Veränderung einstellen. Dies ist der Vorgang, den man als Suggestion bezeichnet.

Suggestion kann auch im Tagesbewußtsein auftreten. Sie kennen sicher Persönlichkeiten, die mit ihrer starken Ausstrahlung anderen Menschen ihren Willen aufzwingen können. Alle großen Redner, Politiker, Lehrer und Schauspieler müssen diese starke Suggestionskraft besitzen, um auf andere Menschen einwirken zu können.

So funktioniert Autosuggestion

Das Wort »Autosuggestion« könnte man übersetzen mit »*Selbstbeeinflussung*« (»Auto« kommt aus dem Griechischen und heißt *selbst;* »Suggestion« ist aus dem lateinischen »subgerere« abgeleitet und bedeutet *unterschieben*).

Autosuggestion ist demnach das Vermögen, ohne fremde Hilfe Vorstellungen in sich zu erzeugen, die das eigene Verhalten beeinflussen.

Wenn Sie diese Cassette anhören, nehmen Sie die

gesprochenen Sätze bewußt in sich auf und richten Ihre Sinne ausschließlich auf diese Gedanken. Damit lassen Sie keinen Raum für die alten Denkmuster, die allmählich aus Ihrem Bewußtsein verschwinden. Sie arbeiten autosuggestiv, und somit werden die gesprochenen Sätze auf der Cassette zur Autosuggestion. *Eine Suggestion kann erst dann wirksam werden, wenn Sie zur Autosuggestion wird.*

Wichtig für das Gelingen ist ausschließlich Ihr inneres Mitgehen, denn Willenskraft allein genügt nicht. Stellen Sie sich zum Beispiel eine bestimmte Zielsituation vor, die Sie unbedingt erreichen wollen. Das bedeutet, daß Sie unerschütterlich, also willentlich, *nur dieses Ziel* allein visualisieren. Sobald Sie zweifeln, zerstören Sie die bereits aufgebaute Autosuggestion und nähren wieder Ihre alte Vorstellung. Wenn Sie ständig zwei Vorstellungen in sich aufrecht erhalten, die aber gegensätzlich wirken, heben sie sich gegenseitig auf, und nichts kann geschehen, das den alten Zustand verändert.

Jeder Gedanke, auch jeder unerwünschte, ist demnach eine Autosuggestion. Negative Denkgewohnheiten sind daher automatisierte Autosuggestionen, die durch neue Gedanken ersetzt werden müssen.

Wir sind ständig autosuggestiv tätig, weil wir ständig irgend etwas denken. Also müssen wir sorgsam mit unserem Denken umgehen; denn mit jedem unserer Gedanken steuern wir unser Verhalten, da ja – wie wir gesehen haben – *Denken = Autosuggestion* ist.

Brauchen wir Suggestionen?

Im Kapitel »Zum Cassettenprogramm« haben wir erklärt, aus welchen Gründen dieses Programm geschaffen wurde. Viele Menschen werden jahrzehntelang von Problemen bedrängt, die sich derart tief in ihr Verhaltensmuster eingeprägt haben, daß sie kaum mehr allein aus diesem Problemkreis herauskommen. Unser Cassettenprogramm hilft ihnen über das Unterbewußte bei der Lösung ihres Problemes.

Es wäre aber falsch zu glauben, die Suggestionscassette allein könne Ihr Leiden aus der Welt schaffen. Sie ist eine zusätzliche Hilfe in Ihren Bemühungen, aber die Hauptsache leisten Sie selbst.

Es ist eine wunderbare Sache, daß uns auf diese angenehme Weise geholfen werden kann. Über die Wirkung der Suggestion sind sich die Psychologen schon längst klar. Früher konnten sich nur finanzstarke Menschen eine Suggestionstherapie leisten, indem sie wöchentlich ihren Therapeuten aufsuchten.

Heute kann sich, dank der technischen Errungenschaften, jedermann einen Cassettenrecorder leisten und sich selbst mittels Suggestionscassetten helfen.

Die Wirkungskraft der Suggestionen

Mit der Suggestion programmieren Sie in Ihrem Inneren bereits den Zielgedanken. Das Unbewußte stellt sich allmählich auf Ihr Zielbild ein, wenn Sie es sich immer wieder genau vor Augen führen. Früher oder später wird dann *Wirklichkeit*, was bisher nur Vorstellung war. Verhalten Sie sich ab sofort so, als wäre der gewünschte Zustand bereits erreicht. Vergessen Sie den Ist-Zustand und stellen Sie sich nur noch den Zielgedanken vor.

Die positive Veränderungsenergie wird in der Wirkung intensiviert, wenn man sich das Endziel in der Tiefenentspannung vorstellt. Denn wie bereits erwähnt, gehen jeder Gedanke und jede Vorstellung in der Tiefenentspannung direkt in Ihr Unterbewußtsein über.

Wenn Sie sich während des Tages spontan an Ihre Suggestion erinnern, legen Sie eine kurze Pause ein. Schließen Sie die Augen und stellen Sie sich das Zielbild vor. Dadurch unterstützen Sie sehr wirkungsvoll Ihre Übungen mit der Cassette.

Lassen Sie nie mehr Gedanken zu, die Sie in Ihr altes negatives Denkmuster hinunterziehen, und gewöhnen Sie sich daran, nie mehr an ein *Problem*, sondern nur noch an dessen *Lösung* zu denken.

Besonders zu Beginn wird die Versuchung groß sein, doch immer wieder die alten, eingefahrenen und darum bequemeren Denkmuster zu realisieren. Lassen Sie sich davon nicht beunruhigen: Das positive Denken wird allmählich immer mehr zur Selbstverständlichkeit werden.

Durch das Abhören der Cassette gehen Sie Ihr Problem gleich von zwei Seiten an. Einerseits mit dem Bewußtsein, weil Sie Veränderung wollen und mit positiven Gedanken unterstützen; andererseits mit Hilfe Ihres Unterbewußten, indem Sie dort die Direkt- oder Subliminalsuggestionen deponieren. Das bedeutet, daß Sie einerseits autosuggestiv an sich arbeiten, andererseits mittels der Cassette suggestiv Ihr Unterbewußtsein beeinflußt wird.

Das Unterbewußtsein kann gegen diese »unbequemen Umstellungen« anfänglich gewisse Ausweichmanöver provozieren. Zum Beispiel, wenn Sie an einem Abend ausgegangen sind und müde nach Hause kommen; ein andermal läuft eine Sendung im Fernsehen, die Sie auf keinen Fall zu verpassen wünschen. Solche Ausreden Ihres Unterbewußtseins sollten Sie niemals akzeptieren. Sie müssen darauf gefaßt sein, daß Sie Ihr Unterbewußtsein ständig ertappen werden, wie es Sie von Ihrem Suggestions-Training abzulenken versucht.

Da jeder Mensch in seinem Wesen anders ist, sind immer unterschiedliche Reaktionen und manchmal auch überraschende Nebenerscheinungen zu erwarten. Akzeptieren Sie alles, was auf Sie zukommt, denn es ist ein Teil von Ihnen, der nur gut und positiv sein kann. Wichtig aber ist, daß Sie »Ausreden« nicht akzeptieren.

Die Subliminal-Technik

Subliminals sind Suggestionen, die mit einer speziellen Technik in einen Klangteppich verwoben werden, so daß sie für das menschliche Ohr praktisch unhörbar werden. Von unserem Unterbewußten werden sie aber gehört und auch richtig verstanden.

Im Gegensatz zur hörbaren Suggestion wirkt die Subliminal-Technik etwas langsamer, weil das Unterbewußte allein, ohne Mithilfe der Willenskraft, arbeiten muß.

Zwei wichtige Vorteile sprechen aber trotzdem für die Subliminal-Technik:

1. Sie können die Subliminal-Cassetten immer und überall ohne Einschränkung und ohne spezielle Vorbereitung anhören, z. B. bei Hausarbeiten, beim Basteln und sogar während einer leichten Unterhaltung. Lediglich das Hören der Cassetten beim Autofahren sollten Sie aus Sicherheitsgründen ausklammern.

2. Da das Unterbewußte direkt angesprochen wird, können die Suggestionen nicht vom Verstand zensiert werden, d. h. die Suggestionen können nicht durch Ungläubigkeit und Zweifel in Frage gestellt und somit aufgehoben werden. Darum eignen sich die Subliminals ganz besonders als Hilfe zur Überwindung hartnäckiger Angewohnheiten.

Tests in den USA haben gezeigt, daß die Subliminal-Technik auch Menschen beeinflußt, die keine Ahnung haben, daß hinter der Musik ein Suggestionstext verborgen ist. In Warenhäusern ließ man nach der Subliminal-Methode bespielte Tonbänder mit Werbetexten laufen, die auf ganz bestimmte Artikel hinwiesen. Es war auffällig, wie viele Kunden gedankenlos nach diesen Artikeln griffen, obwohl sie keinen Bedarf dafür hatten. Diese manipulierte Werbung ist verständlicherweise in der Zwischenzeit verboten worden.

Sie werden sich fragen, ob diese Art Beeinflussung des Unterbewußten nicht gefährlich werden kann. Auf keinen Fall, denn es kann keinem Menschen etwas suggeriert werden, was er aus innerster Überzeugung nie tun würde. Diese Tatsache hat schon Sigmund Freud erforscht, der sich jahrelang mit Hypnose beschäftigte und entdeckte, daß mittels Suggestion nur diejenigen Fähigkeiten oder Reaktionen provoziert werden können, die latent vorhanden sind.

Die Subliminal-Cassette können Sie bedenkenlos anwenden, denn schließlich haben Sie sich für diese Hilfe entschieden und wünschen auch, entsprechend positiv beeinflußt zu werden. Sie besitzen die innerliche Bereitschaft, und somit ist eine gute Basis für einen Erfolg durch die Subliminal-Methode gegeben.

Aufbau der Subliminal-Cassette

Während auf der A-Seite dieses Cassettenprogrammes eine Hypno-Meditation zu hören ist, wurde auf der B-Seite die Subliminal-Technik angewandt. Sie hören also lediglich Naturgeräusche oder Musik und oft auch beide ineinander verwoben. Die Musik besteht aus sorgfältig ausgewählten Klängen, die nach psychologisch-wissenschaftlichen Erkenntnissen eine beruhigende Wirkung auf Ihr Nervensystem ausüben.

In die Grundakkorde der Musik und in die Naturgeräusche wird der mit einem elektronischen Verfahren aufbereitete Suggestionstext knapp unterhalb der Hörschwelle beigemischt. Er besteht aus den auf der A-Seite hörbaren prägnanten Suggestionen, die auf der gesamten Bandlänge der B-Seite ständig wiederholt werden. Wissenschaftliche Forschungen haben bewiesen, daß unser Unterbewußtes fähig ist, diese Informationen zu erkennen, obwohl sie für das bewußte Hören kaum wahrnehmbar sind.

Da ein optimaler Lautstärkepegel der Suggestionen angestrebt wird, kommt es immer wieder vor, daß einzelne Wortfetzen durchdringen, besonders dann, wenn die Musik leiser wird. Der Wirkungseffekt wird dadurch aber nicht vermindert.

Es ist nicht empfehlenswert, eine Subliminal-Cassette zu kopieren. Ihre Cassette wurde von einem qualitativ hochstehenden Studio-Masterband hergestellt. Bei jeder Kopie erhöht sich grundsätzlich das Bandrauschen, das die Suggestionen vollständig überdecken kann. Ist der Pegelanteil des Bandrauschens größer als der der Suggestionen, wird die Cassette therapeutisch absolut wertlos!

Subliminal und unsere Mitmenschen

Falls Sie mit anderen Menschen Ihre Wohnung teilen, sei es mit der Familie oder mit Freunden, sind Sie nicht ganz unabhängig in Ihrer Lebensweise. Es gilt also die Regel von Absprache und Rücksichtnahme. Sie sollten Ihre betroffenen Mitmenschen über die Wirkung der Subliminal-Cassette aufklären.

Spielen Sie die Cassette nur dann, wenn Sie alleine sind, da sie auf Ihre eigene Problematik zugeschnitten ist. Zu leicht könnten abschätzige Bemerkungen von unbeteiligten Zuhörern fallen, die Sie nur verunsichern und somit den Erfolg in Frage stellen könnten.

Die Suggestionen üben auf jedermann eine positive Wirkung aus. Wenn aber jemand zuhören sollte, klären Sie ihn zuerst über den Inhalt der Suggestion auf, denn er ist vielleicht auf eine Hilfe dieser Art nicht erpicht. Das ist eine Forderung unseres Rechts auf freie Gedanken- und Meinungsäußerung. Dieses Recht sollten wir auch im Fall der Subliminal-Cassette unseren Mitmenschen gewähren.

Musik und Meditation

Seit den 68er Jahren ist im Westen das Interesse an östlicher Philosophie und an Meditationsformen immer stärker geworden. Auch der Einfluß auf andere Bereiche wie Medizin, Psychologie und Erziehung wird immer stärker.

Seit einigen Jahren sucht man auch im Westen nach einer adäquaten Musik zur Unterstützung von Therapie und Meditation.

Zuerst wurden direkt importierte Musik aus dem Osten, meistens aus Indien, aber auch verschiedene östliche Tempelmusiken zur Meditation verwendet. Allmählich jedoch machte sich das Bedürfnis bemerkbar, eigene Meditationsmusik zu entwickeln, denn importierte Meditationsmusik ist in jedem Fall fremd für unsere Ohren. Und Fremdes wirkt bei vielen Menschen antisuggestiv. Aus diesem Grunde ging man daran, eine Musik zu schaffen, die für eine breite Bevölkerungsschicht beruhigend und meditativ wirkt.

Um nach innen zu gehen, benötigt der Mensch eine Musik, die ihm beim Öffnen behilflich ist. Dieses Öffnen hat auch zur Folge, daß sich das Zeitempfinden völlig verändert. Deshalb hört sich eine Meditationsmusik in der Versenkung ganz anders an als im vollen Tagesbewußtsein.

Die Melodie darf auf keinen Fall die Aufmerksamkeit auf sich ziehen, sie soll lediglich eine beruhigende Geräuschkulisse bilden. Lang anhaltende Melodietöne haben eine außerordentlich beruhigende Wirkung, während dynamischere Musik eher zum Aufbau der Vitalkräfte geeignet ist.

Musiker aus den verschiedensten Bereichen bemühen sich, diesen Ansprüchen zu genügen. Es gibt Strömungen im Pop, im Jazz, in der Klassik und Unterhaltungsindustrie, die versuchen, geeignete Klangmuster und sogar neue Instrumente zu kreieren.

Im ersten Kapitel haben Sie erfahren, daß das ganze Universum aus Energie besteht. Dazu gehören auch Schwingungen, folglich auch die Töne. Wenn wir fähig wären, alle Schwingungen um uns herum zu hören, würden wir einen ständigen Klang von enormer Fülle wahrnehmen. Alle erdenkbaren Töne wären auf einmal zu hören. Diesen Universalklang nennt man PLEROMA.

In diesem Cassettenprogramm werden häufig ständige Klänge einbezogen, die erwiesenermaßen eine hohe therapeutische Wirkung aufweisen und Ihnen helfen sollen, sich zu entspannen und in die Tiefe zu gehen; ebenso beeinflussen sie das vegetative Nervensystem, indem sie ausgleichend wirken und helfen, neue Energie aufzubauen.

Manchmal hören Sie nur einzelne Töne mit großen Pausen dazwischen, denn diese Musik soll nicht mitreißen und Bilder beschwören, sondern sie soll Ihnen helfen, in Ihr eigenes Zentrum vorzustoßen. Fast alle Meditationsmusiken zeichnen sich durch eine gewisse Monotonie aus. Wer mit dem Tagesbewußtsein zuhört, mag bald gelangweilt sein. Hingegen wird der Meditierende mit diesen ereignislosen Klängen in sein Inneres geführt. Er wird von den Klängen nicht mehr unterhalten oder abgelenkt, sondern getragen und umfangen.

Bei der Auswahl von Meditationsmusik sollte man sehr kritisch und selektiv sein. Hier ein markantes Beispiel:

Seit Jahrtausenden sehnt sich die Menschheit danach, von dieser Welt in eine neue Dimension abzuheben. Mit der bemannten Raumfahrt geht jetzt dieser Wunsch in die Realisationsphase. Diese Sehnsucht macht sich auch die Unterhaltungsindustrie mit Filmen zu Nutzen, die eine hochtechnisierte Raumschiff-Romantik zum Thema haben. Zu solchen Filmen wurde auch eine ganz besondere Art von Musik entwickelt, die die Unendlichkeit und die Kraft der Geschwindigkeit suggerieren soll. Diese Art von Musik wird manchmal fälschlicherweise mit Meditationsmusik verwechselt. Sie mag zwar für die Werbeindustrie gute Dienste leisten, aber zu Therapiezwecken ist sie vollkommen wertlos und manchmal sogar gefährlich.

Freuen Sie sich auf den Erfolg!

Viele Menschen sind schon seit ihrer Kindheit daran gewöhnt, nur Mißerfolge zu erwarten. Und gemäß den geistigen Gesetzen treten diese Mißerfolge dann auch regelmäßig ein. Solche Menschen können sich meist über Geschenke kaum freuen. Ebenso ungeschickt reagieren sie, wenn man ihnen ein Kompliment macht. Gewöhnlich handelt es sich hier um eine anerzogene und darum falsche Bescheidenheit. Sie trägt die Schuld, daß viele Menschen unfähig sind, das Schöne im Leben zu genießen.

Wenn trotz negativer Erwartungen einmal Glück und Freude im Leben erscheinen, haben diese Menschen direkt Angst davor, weil sie tief im Innern das Gefühl haben, daß sie es nicht wert sind, Liebe, Freude und Anerkennung zu erhalten.

Sie arbeiten jetzt mit einer Cassette zur Erweiterung Ihres Bewußtseins und befinden sich in einem tiefgreifenden Entwicklungsprozeß. Bald werden Sie kleine Veränderungen in Ihrem Verhalten und Denken feststellen. Auch wenn Sie Ihr gewünschtes Ziel noch nicht erreicht haben, sollten Sie sich über jeden – auch den kleinsten – Fortschritt von Herzen freuen.

Loben Sie sich immer wieder, indem Sie sich sagen: »Das habe ich sehr gut gemacht, ich gratuliere mir.« Die innere Freude, Ihrem Leben einen neuen Sinn geben zu können, sollte Sie anspornen, weiter zu üben. Der Mensch braucht nun einmal Selbstbestätigung, um glücklich zu sein. Also geben Sie sich diese Bestätigung, die Sie brauchen. Wer auf das Lob anderer Leute wartet, kann oft ein Leben lang vergeblich warten. Jeder kleinste Fortschritt ist des Lobes wert. *Das Wort »Liebe deinen Nächsten« zu verwirklichen, wird erst möglich, wenn Sie in der Lage sind, sich selbst Liebe entgegenzubringen.*

Heilerfolge mit Subliminals

In den USA haben Ärzte an verschiedenen Instituten mit der Subliminal-Methode gearbeitet. Die besten Resultate erzielte man bei Rauchern, Alkoholikern und Eßsüchtigen.

In umfangreichen Untersuchungen wurde statistisch bestätigt, wie vielseitig Subliminals angewendet werden können und wie effizient sie wirken.

Ebenso gibt es keine bestimmten Bedingungen, die erfüllt sein müssen, damit Subliminals wirken können. Das heißt: Sie können die Cassette abspielen, so oft Sie wollen und wo Sie wollen – unabhängig davon, ob Sie allein oder in Gesellschaft sind. Ja, Sie brauchen nicht einmal bewußt hinzuhören.

Ebenso schadet es nicht, wenn Sie Freunde eingeladen haben, die die Cassette mithören. Vom einmaligen Hören wird z. B. ein Raucher, ohne daß er es will, nicht entwöhnt – vergleichen Sie hierzu den Abschnitt »Subliminal und unsere Mitmenschen« (S. 29)

Beharrlichkeit führt zum Erfolg

Sie sind nun informiert über die Funktions- und Anwendungsweise der Subliminal-Technik. Sie kennen die Gesetze des positiven Denkens und verschiedene Übungsmöglichkeiten. Eigentlich dürfte Ihr Erfolg mit dieser Methode nicht mehr ausbleiben.

Trotzdem haben wir ein eigenes Kapitel den möglichen Hindernissen gewidmet, denn der Mensch ist vielschichtig und vermag innerlich Vorurteile zu hegen, derer er sich gar nicht bewußt ist.

Gesundheit kann Ihnen niemand geben, weder ein Arzt noch ein Medikament. Gesundsein beginnt in Ihrem Denken. Wenn Sie von sich glauben, eine bestimmte Krankheitsveranlagung zu haben, werden Sie bestimmt früher oder später diese Krankheit bekommen. Der oft gehörte Satz: »Das liegt in der Familie« ist nichts anderes als eine erlernte, negative Autosuggestion. Solange Sie die Vorstellung nähren, daß Sie zu irgend einer Krankheit neigen, stehen Sie der wirklichen Heilung im Wege. Nicht Ihre Veranlagung, sondern Ihre Vorstellung, Ihr *Denken* ist entscheidend.

Gesundheit hat weder mit zufälligem Glück, noch hat Krankheit mit Pech zu tun.

Auch die Vorstellung, daß mit zunehmendem Alter die sogenannten »Alterserscheinungen« auftreten, ist eine Denkweise, die Ihnen schadet.

Ein Schreckgespenst ist auch der Krebs. Wer Angst davor hat oder übervorsichtig ist, weil es eben in der Familie liegt, der veranlaßt mit jedem Gedanken seinen Körper dazu, Krebszellen zu produzieren. Lassen Sie solche Gedanken auf keinen Fall aufkommen.

Nicht nur negative Gedanken, sondern auch negative Gefühle wie Ärger, Groll, Neid, Angst, Haß, Eifersucht und Gekränktsein wirken eindeutig krankmachend.

Vielleicht sind ja auch Sie in Ihrem Leben schon solchen negativen Autosuggestionen erlegen. Versuchen Sie einmal, sich ganz ehrlich von innen heraus Fragen zu beantworten, wie: Fühle ich mich wirklich wert, gesund und erfolgreich zu sein?

Vielleicht können Sie Ihren Körper nicht so akzeptieren, wie er ist. Das Unzufriedensein mit der eigenen Erscheinung wirkt sich negativ auf eine Verbesserung Ihrer Lebenssituation aus.

Lassen Sie sich grundsätzlich nicht von »wenn« und »aber« beeindrucken, denn das sind Gedankengebilde, die aus einer ängstlichen Lebenshaltung herrühren. Ängstlichkeit ist die kleine Schwester der Angst. Mit dieser Familie sollten Sie sich nicht mehr einlassen.

Betrachten Sie anhand dieses Kapitels einmal Ihre persönliche Situation, Punkt für Punkt, und beurteilen Sie, welche Hindernisse bei Ihnen zutreffen könnten.

Vorsichtsmaßnahmen

Glücklicherweise gibt es nur sehr wenige Einschränkungen für das Benützen der Cassette.

Es handelt sich ausschließlich um vorbeugende Maßnahmen, die Sie gewissenhaft beachten sollten, falls Sie eines der untenstehenden Leiden haben sollten.

Ganz allgemein wirken die entspannenden Suggestionen dieses Cassettenprogrammes verlangsamend auf den Puls und haben dadurch ein Absinken des Blutdruckes zur Folge.

Wenn Sie an einer Herzkrankheit oder an Kreislaufstörungen leiden, sprechen Sie vorsichtshalber mit Ihrem Arzt, bevor Sie die Cassette anwenden.

Bei Neigung zu Epilepsie und Schizophrenie ist eine ärztliche Absprache absolut notwendig.

Autofahren erfordert Ihre ganze Aufmerksamkeit. Verzichten Sie deshalb unbedingt auf das Abspielen der Cassette während der Fahrt!

Hilfreiche Vorbereitungen

Wie bereits erwähnt, erfordert die Subliminal-Methode keine besonderen Vorbereitungen. Trotzdem möchten wir Ihnen hier einige Hinweise geben, die allgemein für Entspannungs- und Meditationsmethoden gelten.

Die Subliminal-Cassette können Sie nebenher abspielen lassen, oder, falls Sie die Wirkung verstärken möchten, nehmen Sie sich Zeit, sich hinzusetzen oder hinzulegen, um sich ganz der Wirkung hinzugeben. Auf diese Art benützen Sie die Cassette als Meditationshilfe und sollten folgende Punkte berücksichtigen:

- Wählen Sie einen Moment, in dem Sie genügend Zeit haben, und sorgen Sie dafür, daß Sie nicht gestört werden (Telefon, Familienmitglieder usw.). Kopfhörer leisten gute Dienste, um ablenkende Geräusche fernzuhalten.
- Wählen Sie Ihre Kleidung sorgfältig aus: Sie sollte bequem sein, wenn möglich aus Naturfasern (Baumwolle, Wolle, Seide, Leinen). Und sie sollte warm sein; da Sie sich während der Übung längere Zeit nicht bewegen, könnte Ihr Körper sich abkühlen. Je nach Außentemperatur decken Sie sich mit einer Wolldecke zu.
- Der Übungsraum soll gut gelüftet sein und eine angenehme Temperatur aufweisen. Es ist sinnvoll, ihn etwas abzudunkeln. Falls Sie eine Kerze anzünden möchten, denken Sie daran, daß eine Cassettenseite 20 Minuten dauert – man muß also darauf achten, daß die Kerze beim Herunterbrennen an keinen leicht entflammbaren Gegenstand herankommen kann.
- Die beruhigende Wirkung der Musik läßt sich durch leicht aufgedrehte Bässe noch optimieren.
- Harndrang kann stören. Auch ein zu voller oder zu leerer Bauch kann sich ungünstig auf den Übungsablauf auswirken.
- Wählen Sie die bequemste Körperstellung.

Häufigkeit der Anwendung

- Ausdauerndes, vor allem regelmäßiges Üben bildet die wichtigste Voraussetzung für den Erfolg. Eine amerikanische Untersuchung zeigt auf, wie groß die Bandbreite der Hörintensität ist, bevor eine Wirkung eintritt: vom einmaligen Abhören der Cassette bis zu neunzigfacher Anwendung. Irgendwo dazwischen werden Sie *Ihr* Erfolgserlebnis haben.
- Die Therapie bleibt wirkungslos, wenn Sie in der Anfangsbegeisterung dreimal täglich üben, aber nach dem Abklingen der ersten Euphorie in Häufigkeit und Begeisterung nachlassen und nur noch selten üben.
- Nehmen Sie sich nicht zuviel vor. Üben Sie in kleinen Schritten. Es genügt, wenn Sie einmal am Tag trainieren.
- Schaffen Sie sich einen zeitlichen Freiraum, den Sie täglich zur Verfügung haben. Grundsätzlich eignet sich jede Tageszeit dafür.

Die besten Testresultate wurden am frühen Morgen, gleich nach dem Aufwachen, oder abends, kurz vor dem Einschlafen erzielt. Falls es bei Ihnen zu diesen Zeiten nicht geht, wählen Sie ruhig eine andere, passende Zeit.

Nach 3–4 Wochen regelmäßiger Anwendung können Sie bereits deutliche Veränderungen spüren.

Jeder Mensch reagiert anders auf diese Methode. Es kann sein, daß Sie bereits nach einer Woche eine Wirkung spüren. Das hängt von der individuellen Beeinflußbarkeit Ihres Unterbewußtseins ab. Jedenfalls bedeuten die erwähnten 3–4 Wochen einen statistischen

Mittelwert. Lassen Sie sich also nicht entmutigen, falls Sie fünf oder sechs Wochen benötigen, bis Sie eine eindeutige Wirkung feststellen können.

Ein wichtiger Hinweis:
Versuchen Sie beim Anhören der Kassetten, »leer« zu sein. Erwarten Sie nichts, setzen Sie nicht Ihren Willen ein! Genießen Sie es, einmal passiv sein zu dürfen, und lassen Sie alles mit sich geschehen.

Eine Bemerkung zur Körperhaltung: Wenn Sie beim Üben liegen, werden Sie die Tendenz haben einzuschlafen. Hören Sie im Sitzen, ist diese Gefahr kleiner, weil Sitzen eine bewußtere Stellung ist. Alle traditionellen Meditationslehren ziehen das Sitzen vor, weil eine körperliche Entspannung so möglich ist unter Beibehaltung größter innerer Aufmerksamkeit.

Die Denkgewohnheiten

Den meisten Menschen ist es gar nicht bewußt, daß der größte Teil ihres Denkens automatisch in festgefahrenen Gewohnheiten abläuft. Es gibt ganz bestimmte Situationen, die diese Theorie deutlich machen.

Zum Beispiel:
Ist jemand freundlich, reagiert man ebenso freundlich; beleidigt uns jemand, so sind auch wir beleidigend oder sogar wütend; kommen Probleme auf uns zu, denken wir nur noch im Kreis dieser Probleme.

Wir reagieren und denken nach einem bestimmten Programmschema. Wenn Sie dieser Aussage nicht zustimmen können, raten wir Ihnen zu einem Test: Schreiben Sie zwei Wochen lang alle Gedanken, die

Ihnen durch den Kopf gehen, in ein Heft. Nehmen Sie das Heft überallhin mit, so daß Sie in jedem freien Moment Ihre Gedanken hineinschreiben können. Lesen Sie Ihr Heft nach zwei Wochen durch, und kreuzen Sie jeden positiven Gedanken grün und alle negativen rot an. – Sie werden staunen.

Es ist kaum zu glauben, mit welchem »Gedankensalat« unser Gehirn ständig belastet ist. Gedanken sind aber Energien von sehr großer Kraft, darum sollte uns unser unkontrolliertes »Herumdenken« erschrecken. Fangen wir darum noch heute an, in unserem Denken Ordnung zu schaffen.

Wie schaffe ich Ordnung?

Natürlich kann eine Veränderung nicht von heute auf morgen stattfinden. Alles braucht seine Zeit, und Fortschritte werden in kleinen, aber konsequenten Schritten erreicht. Es wird auch einige Selbstdisziplin verlangt, um jahrelang praktizierte Denkabläufe zu korrigieren. Doch diese bevorstehenden Anstrengungen sollen Sie nicht entmutigen.

Als erstes müssen wir lernen, unsere Gedanken bewußt wahrzunehmen. Das fängt ganz allmählich damit an, daß Sie sich hin und wieder fragen: Was denke ich eigentlich jetzt? Wenn Sie Ihre Gedanken immer häufiger beobachten, können Sie mit der Zeit immer leichter bemerken, ob sie positiv oder negativ denken. Dieser Schritt ist schon sehr wichtig, denn sobald Sie während des Denkens positive und negative Gedanken unterscheiden können, sind Sie bald auch in der Lage, den negativen Gedanken Einhalt zu gebieten.

Das Beobachten Ihrer Gedanken ist die erste Übung, die Sie vornehmen müssen, um Ordnung in Ihr Denken zu bringen.

Die Veränderung

Der Begriff: »Die Macht positiven Denkens« darf Sie nicht zu der Annahme verleiten, daß Sie damit Macht über andere Menschen erlangen, aber es ist die größte Veränderungskraft, die den Menschen für ihre Entwicklung zur Verfügung steht. Wer sein Denken ändert, ändert auch sein Leben. Daß der Mensch sich seiner Denkkraft bewußt werden muß, ist eine der wichtigsten Wiederentdeckungen dieses Jahrhunderts. Noch wichtiger ist es aber, daß er sein Wissen auch in die Tat umsetzt. Im Fall des positiven Denkens nützt alles theoretische Wissen überhaupt nichts. Wichtig ist allein die Praxis. Und deshalb wollen wir jetzt auch praktische Beispiele und Anwendungsmöglichkeiten aufzeigen.

Die Anwendung

Wenn Sie merken, daß sich ein negativer Gedanke in Ihr Denken einschleicht, halten Sie sogleich ein. Betrachten Sie den Gedanken, und suchen Sie gleich einen positiven Gedanken zur selben Situation. Wie Sie wissen, hat alles seine Kehrseite, und es ist eine reine Einstllungssache, ob Sie die positive oder die negative Seite betrachten wollen.

Dazu ein kleines Beispiel:

Sie haben ein Treffen mit Freunden verabredet und freuen sich sehr darauf. Aus irgend einem Grund fällt das Treffen ins Wasser. Was tun? Sich ärgern? Damit verderben Sie sich einen ganzen Tag. Sich anders einstellen? Genau das. Aber wie?

Im ersten Moment werden Sie sicher enttäuscht sein. Geben Sie dieser Enttäuschung Ausdruck, nehmen Sie Ihr Bedauern, Ihre Trauer, vielleicht gar Ihre Wut wahr. Und nun folgt der zweite Schritt: Suchen Sie die positive Seite dieses Ereignisses. Unverhofft haben Sie viel freie Zeit zur Verfügung. Ängstigt Sie diese Freiheit? Überlegen Sie in aller Ruhe, wie Sie diesen Tag gestalten können. Suchen Sie die positivste Lösung. Vielleicht können Sie an diesem Tag Dinge erledigen, die Sie schon lange aufgeschoben haben.
    Ein anderes Beispiel:

Ein Mitarbeiter beleidigt Sie. Wie reagieren Sie? Sind Sie nun den ganzen Tag eingeschnappt? Damit würden Sie sich viel Lebensfreude zerstören, und viel Energie würde verlorengehen. Alles nur wegen einer Bemerkung? Statt dessen lassen Sie bewußt diese Beleidigung an sich vorbeigehen. Reagieren Sie nicht darauf. Bleiben Sie freundlich, und verbieten Sie sich, länger darüber nachzugrübeln, denn erst dadurch werden Sie selbst negativ. Bleiben Sie in jedem Fall positiv, und vergessen Sie die Worte so bald wie möglich. Wenn Sie niedergeschlagen reagieren, werden Sie ein Opfer der Umstände. Mit positivem Denken ist aber gemeint, daß man sein Leben selbst gestaltet. Die ungeschickte Bemerkung eines Mitarbeiters darf daher niemals unser Leben beeinflussen.

Es ist also weitgehend eine Einstellungssache, auf welche Weise wir das Leben empfinden. Wichtig ist dabei, daß wir uns nicht mit allen möglichen Kleinigkeiten identifizieren. Wie an dem Beispiel gezeigt wurde, sollten wir lernen, Beleidigungen nicht persönlich zu nehmen. Zugegeben, es ist nicht immer leicht, die innere Ruhe zu bewahren, aber ein tiefer Atemzug in einer schwierigen Situation kann die nötige Distanz schaffen.

Ganz sicher zu innerer Ruhe führt aber die Gewißheit, daß wir nicht allein sind, sondern daß Gott uns beisteht. Kraftvolle Worte finden wir in der Bibel. Gebete sind sehr wirkungsvolle Maßnahmen in heiklen Situationen. Durch Gebete werden enorme positive Energien freigesetzt, die uns helfen, das innere Gleichgewicht aufrechtzuerhalten.

Wenn Sie merken, daß Sie negativ werden, können Sie ganz langsam auf zehn zählen. Noch wirksamer ist es, wenn Sie die ersten Sätze des »Vater Unser« beten. Sie werden spüren, wie Sie sogleich viel ruhiger werden und dadurch auch weiterhin positiv bleiben können.

Wenn Sie allmählich das Gebet in Ihr Leben einbeziehen, gewinnen Sie die innere Gewißheit, daß Gott Ihnen in jeder Situation beisteht. Dadurch erhalten Sie viel mehr Selbstvertrauen und Gelassenheit. Stellen Sie die Verbindung zu Gott her, anstatt negativ zu werden. So gewinnen Sie eine unerschöpfliche Kraftquelle, die Ihnen über viele Lebensschwierigkeiten hinweghelfen kann. Diese Gewißheit gibt Ihnen auch das Vertrauen, daß alles, was geschieht, zu Ihrem Besten geschieht. Daraus entsteht eine freie, gelöste Lebenshaltung, die in ihrer Grundstruktur positiv ist.

Die Toleranz

Es gibt immer wieder Momente, in denen wir mit Menschen zusammenarbeiten müssen, die eigentlich nicht auf unserer »Wellenlänge« liegen. Daraus können unliebsame Begegnungen entstehen, die eine weitere Zusammenarbeit für alle Beteiligten erschwert. Wenn Sie sich aber in der Einstellung üben, daß jedes Lebewesen eine Existenzberechtigung hat, weil es eine Schöpfung Gottes ist, wird es Ihnen auch leichter fallen, Ihre Mitmenschen zu akzeptieren. Es ist tatsächlich eine hohe Kunst, die Menschen so zu nehmen, wie sie sind. Doch wer sich in dieser Kunst übt, wird ein großes Kräftepotential freisetzen. Der Ärger über Kleinigkeiten bedeutet negative Energie. Das Hinwegsehen über all die kleinen und kleinsten ärgerlichen Dinge aber verleiht zusätzliche positive Kraft. Da Gedanken Energien sind, die sich verwirklichen wollen, werden sich auch alle Ärgernisse verwirklichen.*

Jedesmal, wenn Sie sich darüber aufregen, daß der Nachbar eine Sache so und nicht anders macht, werden Sie neue negative Energie produzieren, die sich aber letztlich gegen Sie selbst wendet. Vielleicht arbeiten Sie unkonzentrierter und machen dadurch Fehler, die Sie wieder mühsam korrigieren müssen. Denken Sie daran, daß Sie mit negativem Denken die Sache nicht ändern, sondern sich selbst Schaden zufügen, indem Sie aus Ihrer harmonischen Mitte fallen.

---

* Ausführliche Erläuterungen in:
Heinz Ryborz, *Menschen erkennen, durchschauen, verstehen.* Vom konstruktiven Umgang mit Menschen. 320 Seiten, gebunden, Oesch Verlag.

Die positiven Kräfte

Allmählich werden durch die Umwandlung von negativen Denkgewohnheiten immer mehr positive Kräfte in Ihnen frei. Sie werden auch sichtbar merken, wie Ihr Leben an Freude und Glück zunimmt. Und das betrifft nicht nur Ihr subjektives Lebensgefühl, sondern auch tatsächliche äußere Ereignisse.

Erfahrungen haben gezeigt, daß sich das Leben von Menschen, die die Methode des positiven Denkens anwenden, drastisch ändert – und zwar zum Guten. Plötzlich ereigneten sich im Leben dieser Menschen sogenannte Zufälle. Sie bekamen endlich eine tolle Stellung angeboten, begegneten plötzlich Menschen, die ihnen behilflich sein konnten, hatten im privaten Leben auf einmal Erfolg usw. Das zeigt, daß die positive Gedankenkraft eine höchst konstruktive Kraft ist, die man nicht unterschätzen darf. Positive Kräfte in unserem Leben entstehen in uns und wirken durch uns. Was auf uns zukommt, haben wir mit unserem eigenen Denken verursacht. Deshalb ist es so wichtig, seine Gedanken bewußt zu erkennen.

Wie wir denken

Die Macht positiven Denkens können wir am einfachsten in Situationen beobachten, in denen es auf die Einstellung ankommt. Die Art und Weise der Einstellung beginnt immer bei uns selbst. Hier müssen wir beginnen, alte negative Erwartungshaltungen auszumerzen. Nur schon der nebenbei gesagte Satz: »Ach, das wird bestimmt wieder . . .« ist bereits eine negative

Erwartungshaltung. Stattdessen könnte man sich – trotz früherer Erfahrung – unbeschwert in eine als unangenehm bekannte Situation begeben. Wenn Sie unbefangen sind, strahlen Sie eine entsprechende Offenheit aus und geben Ihren Mitmenschen eine Chance, anders als gewohnt zu reagieren. Dadurch eröffnen Sie sich Möglichkeiten, selbst eingefahrene Situationen zu verändern. Wir alle leben in einem bestimmten Gesellschaftsgefüge, und viele von uns möchten mit positivem Denken ihr Leben verändern und verbessern. Das heißt jedoch nicht, daß wir unsere Umgebung verlassen müssen. Wir müssen einzig und allein unsere Einstellung zu den Dingen um uns herum verändern. In dem Maße, wie sich unser Denken verändert, verändern sich auch unsere Einstellungen und Erwartungshaltungen und damit auch unsere reale Umgebung. Das geschieht natürlich mit einer gewissen zeitlichen Verzögerung, denn es braucht seine Zeit, bis sich die neuen Gedanken verwirklicht haben. Sie dürfen also nicht erwarten, daß sich Ihre Umgebung zuerst verändern soll, damit alles automatisch besser wird. Im Gegenteil, der Anfang liegt allein bei Ihnen und in allen kleinen und großen Gedankengängen des Tages.

Es ist eine große und bedeutende Aufgabe, seine Gedanken kennenzulernen. Und noch größer ist die Leistung, seine Gedanken ins Positive zu lenken, denn damit nehmen wir unser Leben in unsere eigenen Hände und werden selbst zum Schöpfer unseres Lebens.

Arbeitsblatt I

1. In welchem Bereich meines Lebens bin ich unzufrieden? Beruf – Familie – Finanzen – Partner – Wohnort – Freunde

   _____

2. Was genau möchte ich anders haben?

   _____

3. Wie möchte ich es denn konkret?

   _____

4. Welche Veränderungen würde das mit sich bringen?

   _____

5. Bin ich bereit, mein Leben zu ändern?

   _____

6. Habe ich Angst vor dem Neuen?

   _____

7. Zögere ich, die Situation zu verändern?

   _____

8. Gibt es etwas, wovon ich glaube, daß es nicht möglich ist?

___

9. Könnte ich mein Denken über diese Schwierigkeiten verändern?

___

Arbeitsblatt II

(Fortsetzung Arbeitsblatt I)

Machen Sie eine Aufstellung aller negativen Gedanken, die Probleme aus Arbeitsblatt I betreffen: Angst, Befürchtungen, Zweifel, Wut, Neid, Eifersucht...

Wie lautet der positive Ersatzgedanke? Suchen Sie zu jedem negativen Gedanken einen positiven:

IST-Zustand	Positive Version

Arbeitsblatt III

Schreiben Sie sich einige hilfreiche Gedankenstützen auf, die Ihnen helfen, unangenehme Situationen zu meistern. Wodurch bleibe ich positiv, wenn

1. ich in Zeitdruck komme?

_____

2. ich anfange, mich zu ärgern?

_____

3. jemand mich beleidigt?

_____

4. ich Angst habe vor dem Kommenden?

_____

5. ich den Mut verliere?

_____

6. ich zweifle?

_____

7. ich schlecht gelaunt bin?

_____

Arbeitsblatt IV

1. Wie stellen Sie sich Ihre Zukunft vor?

   _____

   _____

2. Was müssen Sie noch verändern, damit Ihre Zukunftsvorstellung verwirklicht werden kann?

   _____

   _____

3. In welchem Bereich müßten Sie noch positiver denken, damit die Zukunft verwirklichbar ist?

   _____

   _____

4. In welchem Bereich können Sie ruhig weiterfahren wie bisher?

   _____

   _____

5. Glauben Sie, daß Sie genug für die Verwirklichung Ihrer Ziele tun?

_____

_____

_____

Arbeitsblatt V

Machen Sie sich Ihre eigenen Gedanken über weitere Möglichkeiten, Ihr Leben positiv zu gestalten.

Die Suggestionen

Vertiefung der Suggestionsphase

Ich bin jetzt ganz ruhig und gelassen – ganz ruhig und gelassen.

Ich bin offen und bereit, mich auf den Weg zu einer neuen Erkenntnis zu begeben.

Auf diesem Weg öffnet sich eine neue Dimension, die ich dankbar und freudig begrüße.

Ich atme gleichmäßig ein und aus – und konzentriere mein Bewußtsein ganz auf den Rhythmus meines Herzens.

Mein Atem gleicht sich dem Rhythmus meines Herzens an.

Ich fühle mich wohl.

Jedesmal, wenn ich ausatme, lasse ich ein Stück von meinem Alltag los.

Das Tor zu meinem Unterbewußtsein ist weit geöffnet.

Je mehr ich mich loslasse, desto tiefer gleite ich ins Zentrum meines wahren Seins.

Es verbindet mich mit dem einen, alles umfassenden Bewußtsein.

Ich spüre dieses Bewußtsein als die Quelle einer unendlichen Kraft, die das Universum zusammenhält.

Ich bin ein Teil dieser Kraft.

Ich fühle, wie das Allbewußtsein mich umfängt.

Ich werde ein Teil dieses einen Bewußtseins.

Ich bin reines klares Bewußtsein.

Ich bin – ich bin – ich bin (verhallend).

Diese Allkraft führt mich jetzt an den Strand des Meeres.

Ganz deutlich erlebe ich, wie sich die Weite des Meeres vor mir auftut.

Ich spüre den weichen Sand unter meinen Füßen – und den warmen Wind auf meiner Haut.

Ich fühle meine Verbundenheit mit der reinen Natur.

Ich höre das Rauschen des Meeres – und das Schreien der Möven.

Ich treibe im Strom der Ewigkeit.

Ich erblicke eine Palme, die sich elegant und würdevoll im Winde bewegt.

Ich sehe ihr eine Weile zu.

Ihre Fächer schwingen mit Eleganz und Grazie – ein vollkommenes Bild der Harmonie in der Bewegung.

Ich blicke in die strahlende Sonne am Himmel. Ihr reines, weißes Licht strömt auf mich herab.

Es durchflutet und reinigt jede Zelle meines Körpers.

Ich spüre ganz deutlich, wie jede Zelle meines Körpers gereinigt wird.

Ich spüre, wie sich jede Zelle meines Körpers mit dieser wunderbaren Energie vollsaugt – und immer kräftiger wird.

Ich spüre, wie dieses reine, weiße Licht jetzt meinen ganzen Körper umhüllt.

Reines, weißes Licht umhüllt meinen Körper wie ein langer, schützender Mantel und gibt mir das Gefühl von Kraft, Sicherheit und Geborgenheit. – Reines, weißes Licht umhüllt meinen Körper wie ein langer, schützender Mantel und gibt mir das Gefühl von Kraft, Sicherheit und Geborgenheit.

Nur noch Schönes, Positives und Gutes durchdringt diesen Mantel und erfüllt meine Seele.

In dieser Fülle von Licht wachse ich geistig und

seelisch von Tag zu Tag. – In dieser Fülle von Licht wachse ich geistig und seelisch von Tag zu Tag.

Ich bin jetzt offen und bereit für die folgenden Worte, die sich tief und unauslöschlich in meinem Unterbewußtsein verankern.

Individuelle Suggestionen

Ich beginne ab heute meine Gedanken, Worte und Handlungen auf eine positive Wirkungsweise einzustellen.

Meine Gedanken bestimmen mein Schicksal – darum säe ich nur positive Gedanken.

Ich erfülle meinen Geist mit harmonischen Gedanken – und öffne mein Herz der Schönheit und Güte.

Ich vertraue vollkommen meinem inneren Selbst, das mich von Erfolg zu Erfolg leitet.

Die Kraft meines positiven Denkens überträgt sich auf meine Mitmenschen.

Ich bin jetzt ganz erfüllt von meinem positiven Denken – und gewinne jeden Tag mehr Selbstsicherheit und Selbstvertrauen.

Ich fühle meine neugewonnene Ruhe und Gelassenheit, die harmonisch durch meinen ganzen Körper strömt.

Ich werde geführt und beschützt auf allen meinen Wegen.

Ich erfahre mein Leben in einer geistigen Wiedergeburt, und mein positives Denken entfaltet die in mir schlummernden Fähigkeiten.

Meine neue geistige Einstellung zum Leben ist von Mut und Zuversicht geprägt.

Ich vertraue ab jetzt und immer meinem inneren Selbst – und danke für die wunderbaren Erkenntnisse in meinem Leben.
(Pause)
Eine heilende Kraft fließt durch meinen ganzen Körper. Ich genieße diesen heilenden harmonischen Strom des Lebens!
Ich lasse diese kraftvollen Worte unendlich auf mein Unterbewußtsein wirken.

Ausklang

Erfüllt von diesen positiven Gedanken kehre ich langsam wieder an die Oberfläche – zurück in mein Tagesbewußtsein.
Ich erkenne jetzt meinen wahren Weg – und bin dankbar erfüllt von dieser neugewonnenen Lebensfreude und Harmonie.
Sobald ich bereit bin, öffne ich meine Augen und fühle mich erfrischt, gestärkt und voller Energie.

Ein Anhang, der Sie weiterführen wird

*Oesch Motivations-Cassetten
beruhend auf dem Gedankengut von
Professor Heinz Ryborz*

Positive Gedanken gestalten Dein Schicksal
Wie man negatives Denken überwindet.

Die Macht positiven Denkens
Lernen Sie, Ihre Gefühle besser zu kontrollieren.

Glaube an Dich selbst
Bauen Sie Ihr Selbstvertrauen auf.
So werden Sie selbstbewußt!

Wie Du mehr aus Deinem Leben machst
Trainieren Sie Ihren Willen.

Freude und Begeisterung durch positives Denken
So leiten und motivieren Sie Ihre Mitmenschen richtig.

Weitere Motivations-Cassetten von Professor Ryborz
befinden sich in Vorbereitung.

Oesch Motivations-Cassetten und Bücher sind in Ihrer
Buchhandlung erhältlich. Verlangen Sie das kostenlose
Gesamtverzeichnis *»Bücher und Motivations-Cassetten für positive Lebensgestaltung«* direkt beim Verlag.

Weitere Oesch Motivations-Cassetten

Margarete Friebe
*Die heilige Pflicht zur Freude**
Machen Sie die Freude zu Ihrem ständigen Begleiter.
Zwei Cassetten mit Begleitbuch.

Margarete Friebe
*Die universale Liebe**
Wie man liebesfähig und liebenswert wird.
Zwei Cassetten mit Begleitbuch.

Margarete Friebe
*Das Friebe-Alpha-Training**
So bereichern Sie Ihr Leben. Lernen Sie die innere Größe und Schönheit Ihrer Persönlichkeit kennen.
Zwei Cassetten mit Begleitbuch.

Dr. Stefan Schaub
Entspannung und Selbsterfahrung durch Musik
Wege zur autogenen Entspannung mit Hilfe klassischer Musik.
Cassette mit Begleitbuch.

Dr. Wolfgang Schömbs
Entspannt konzentriert im Auto
Wie man konzentriert fährt und entspannt ankommt.
Cassette mit Begleitbuch.

Weitere Motivations-Cassetten sind in Vorbereitung.

* Live-Aufzeichnungen an Vorträgen der bekannten Lebenshilfe-Autorin (keine musikalischen Hintergrundgeräusche, keine Subliminals).

Bücher für positive Lebensführung
Weiterführende Literatur aus dem Oesch Verlag

Heinz Ryborz
Die geheime Kraft Ihrer Wünsche
Erfolg und Glück durch Aktivierung des Unterbewußtseins.
344 Seiten, gebunden
Wer sein Selbst aus inneren und äußeren Zwängen befreien will, der greife zu diesem Buch!

Heinz Ryborz
Jeder kann es schaffen
Wie man Hindernisse überwindet und seinem Leben neuen Sinn gibt.
360 Seiten, gebunden

Heinz Ryborz
Menschen erkennen, durchschauen, verstehen
Vom konstruktiven Umgang mit Menschen.
320 Seiten, gebunden
Das Buch, das von der Selbsterkenntnis ausgeht und aufzeigt, wie zwischenmenschliche Probleme gelöst und Konflikte vermieden werden können.

Heinz Ryborz
Hilfe und Heilung durch Symbole
In Vorbereitung.
Erscheinungstermin: Herbst 1989

Alle Oesch-Bücher sind in Ihrer Buchhandlung erhältlich. Verlangen Sie das kostenlose Gesamtverzeichnis *»Bücher für positive Lebensgestaltung«* beim Verlag.

Verstärken Sie Ihr Wissen durch die Teilnahme an einem

Wochenendseminar

Ein solches Seminar gibt Ihnen ganz besonderen Nutzen:

- Die beim Seminar durchgeführten Übungen vermitteln Ihnen eine konzentrierte Praxis und Durchhaltevermögen.
- Ihre persönlichen Fragen werden beantwortet.
- Sie haben Kontakte mit Gleichgesinnten und können Erfahrungen austauschen.
- Das persönliche Gespräch erweitert Ihre Selbsterkenntnis und gibt Ihnen Hilfe bei Entscheidungen.
- Die persönliche Beratung gibt Ihnen ein ganz individuelles Programm zum Erfolg.
- Sie erfahren, wie Sie Ihre Ziele erreichen.
- Das Seminarerlebnis erschließt Ihnen neue Bewußtseinsdimensionen und verstärkt so langfristig Ihre Selbstverwirklichung.

Unterlagen über die verschiedenen Seminare werden Ihnen gern kostenlos und unverbindlich zugesandt.
Bitte schreiben Sie dazu an folgende Anschrift oder rufen Sie an: 0 22 61/5 15 49

APE – INSTITUT FÜR ANGEWANDTE PSYCHOLOGIE UND ESOTERIK GMBH
Postfach 210 346
D-5270 Gummersbach 21

Ihre Persönlichkeitsanalyse

Wissen Sie, daß Sie einzigartig sind?
Wissen Sie, worauf Sie angelegt sind? Leben Sie Ihr Leben oder haben Sie sich durch die Umwelt davon abbringen lassen? Ihre *Persönlichkeitsanalyse* ermöglicht Ihnen einen neuen Zugang zu sich selbst. Ein ganz spezifisch auf Sie bezogenes Geburtshoroskop zeigt Ihnen, was anlagenmäßig zu Ihrer Persönlichkeitsstruktur gehört. Das *Geburtshoroskop* zeigt Ihnen Ihr wahres Wesen und macht Ihnen bewußt, welche besondere Bedeutung Ihr Leben hat.
Sie erkennen, welche Ihrer Wesenskräfte harmonisch zueinander sind und welche Herausforderungen und besondere Entwicklungsmöglichkeiten darstellen.
Sie erfahren Einzelheiten über ihre Begabungen, Neigungen, Erfolgsmöglichkeiten, beruflichen Chancen und Ihre Gefühle.
Die Aussagen über Sie betragen etwa 10 DIN A4 Seiten.
Ihre *Persönlichkeitsanalyse* hilft Ihnen, Ihren individuellen Weg zur Selbstentfaltung und Persönlichkeitsentwicklung zu gehen.
Die Kosten für die *Persönlichkeitsanalyse* betragen DM 40,– (Vorauszahlung).
Teilen Sie dazu Geburtsdatum, Geburtsstunde und Geburtsort mit (bitte auch den Namen der in der Nähe gelegenen größeren Stadt).

APE – INSTITUT FÜR ANGEWANDTE PSYCHOLOGIE UND ESOTERIK GMBH
Postfach 210 346
D-5270 Gummersbach 21
Telefon: 0 22 61/5 15 49

Ihre Partnerschaftsanalyse

Hier noch eine weitere Möglichkeit für Sie:

Eine *Partnerschaftsanalyse* Ihrer Liebesbeziehung legt Ihnen die verborgenen Bereiche Ihrer Liebesbeziehung zu anderen offen. Die Analyse legt dar, ob Sie sich gegenseitig ergänzen und ob Sie zueinander passen. Sie erfahren, welche Konfliktbereiche und welches Potential gegenseitiger Entwicklung die Beziehung birgt.

Sie können auch eine *Partnerschaftsanalyse* für Kontakte gegenüber anderen wie z. B. *Freunden, Kunden, Eltern, Kindern, Geschäftspartnern* usw. bestellen. Die Kosten für die *Partnerschaftsanalyse* betragen DM 100,– (Vorauszahlung).

Teilen Sie dazu Geburtsdatum, Geburtsstunde und Geburtsort (bitte auch den Namen der in der Nähe gelegenen größeren Stadt) beider Partner mit.

Schreiben Sie an:

APE – INSTITUT FÜR ANGEWANDTE PSYCHOLOGIE UND ESOTERIK GMBH

Postfach 210 346

D-5270 Gummersbach 21
Telefon 0 22 61/5 15 49